Die kleinen Hefte

Digitale Medien im Kita-Alltag

Die SCHNELLE Hilfe!

Susanne Roboom

Cornelsen

Lektorat: Mareike Kerz, Mainz
Umschlagkonzept und -gestaltung: Ungermeyer, grafische Angelegenheiten, Berlin
Umschlagfoto: Shutterstock.com / NadyaEugene
Layoutkonzept und technische Umsetzung: LemmeDESIGN, Berlin

www.cornelsen.de

1. Auflage 2019

Druck: H. Heenemann, Berlin

ISBN 978-3-589-16574-2

PEFC
PEFC/04-31-1156

PEFC zertifiziert
Dieses Produkt stammt aus nachhaltig bewirtschafteten Wäldern und kontrollierten Quellen.

www.pefc.de

Inhalt

Ein paar Worte vorab

Warum Medien ein Thema für die Kita sind

Ben zeigt stolz seine neuen PAW-Patrol-Hausschuhe und Luca hat den Peppa-Wutz-Pulli an. Hannah und Emil spielen in der Puppenecke mit ihren imaginären Laserschwertern. Enes hat seinen Teddybär mit in die Kita gebracht, der einen integrierten Lautsprecher hat. Monja erzählt begeistert von einer Szene aus Ninjago, die Serie hat sie gestern Abend wieder auf dem Tablet geguckt. Jonte tippt auf seinem selbstgemalten „Handy" und führt ein wichtiges Gespräch, bei dem er nicht gestört werden möchte …

Diese und ähnliche „Medienspuren" haben Sie vielleicht auch schon beobachtet? Mitbringsel aus der Welt der Medien gehören längst zum Kita-Alltag dazu: Medienlieblinge auf Brotdosen, Hausschuhen oder Kleidungsstücken oder Medienerlebnisse, die sich in Gesprächen, Zeichnungen oder Rollenspielen zeigen.

Kinder wachsen inzwischen ganz selbstverständlich mit digitalen Medien auf: Fernsehprogramm rund um die Uhr, programmierbare Haushaltsgeräte, Touchscreens in der Straßenbahn, in Schwimmbädern und im Supermarkt, Alexa, Siri und Co., die befragt werden können, und natürlich Smart Toys, also Spielzeuge mit Internetzugang, die zunehmend die Kinderzimmer bevölkern. Kinder nehmen die Bedeutung wahr, die die Erwachsenen den Medien und dabei insbesondere dem Smartphone zuschreiben, sie sehen, wie oft ihre Eltern oder großen Geschwister aufs Handy gucken. Dadurch, dass nicht wenige Eltern die Mediennutzung als Mittel zur Belohnung oder auch Bestrafung einsetzen, erhöht sich die Bedeutung noch. Und so manches Mal entsteht der Eindruck, dass Medien von den

Eltern auch als praktische, allzeit verfügbare Babysitter genutzt werden. Schon kleine Kinder dürfen z. B. auf Bahnfahrten, im Restaurant oder Wartezimmer das Tablet oder Smartphone gegen die aufkommende Langeweile nutzen. Und leider sind Eltern, die beim Bringen und Abholen intensiv ihr Handy nutzen, sicherlich auch in Ihrer Einrichtung anzutreffen – es sei denn, Sie haben bereits ein Handyverbot in den Bring- und Abholzeiten ausgesprochen.

Die zunehmende Digitalisierung zeigt ihre Auswirkungen auch in den Kindertageseinrichtungen. Die ganze Verwaltungstätigkeit ist schon längst digitalisiert, alle Kitas sind per E-Mail zu erreichen und viele haben sogar eine eigene Webseite. Es gibt digitale Beobachtungs- und Dokumentationsverfahren und verschiedene Angebote zur digitalen Kommunikation mit den Eltern.

Medien sind also ein Thema, das bereits den Elementarbereich betrifft. Es stellt sich die Frage, wie damit aus pädagogischer Sicht umzugehen ist. Gerade wenn es um Kinder geht, ist bei vielen die Verunsicherung groß: „Sitzen die nicht schon zu Hause genug vor dem Bildschirm? Sollten wir im Kindergarten nicht lieber echte Erfahrungen ermöglichen?“ Dazu kommt die Sorge vor möglichen Gefahren wie Reizüberflutung, Bewegungsarmut, Realitätsflucht. Ähnlich ist allerdings jedes neu aufkommende Medium diskutiert worden, sogar – heute kaum noch vorstellbar – im 18. Jahrhundert das Für und Wider von Büchern. Später war es das Kino, dann das Radio, Comics, das Fernsehen, der Computer, das Internet …

Eine gesunde Portion Skepsis ist nicht verkehrt, wenn es um die Frage geht, welche Auswirkungen die Digitalisierung auf das Aufwachsen von Kindern hat und wie Medien in die pädagogische Praxis einfließen sollen, können und müssen. Fakt ist jedoch:

Medien sind inzwischen so alltäglich und allgegenwärtig wie der Straßenverkehr, und so wie wir selbstverständlich von klein auf Verkehrserziehung machen, so selbstverständlich sollte auch von Anfang an Medienerziehung stattfinden.

Es bildet nicht mehr die Lebenswelt von Kindern ab, wenn mit dem Betreten der Kita alles komplett analog ist und digitale Medien gar keine Rolle spielen. So wie Sie auch sonst Themen, Erlebnisse und Fragestellungen aufgreifen, die im Alltag der Kinder und beim Heranwachsen relevant sind, und ihnen Unterstützung und Orientierungshilfen anbieten, so benötigen Kinder diese auch in Bezug auf die Bedeutung und die Inhalte von Medien. Nicht alles, was Kinder sehen, hören, spielen, ist für sie verdaulich und bekömmlich.

Hinzu kommt, dass Kinder von Medien fasziniert sind und diese Faszination sollte aufgegriffen werden – konstruktiv und kreativ und nicht, wie es zu Hause meist der Fall ist, nur rezeptiv! Medien können ein hilfreiches Werkzeug in Bildungsprozessen sein. Und wenn Kinder *mit* Medien lernen, wenn sie Medien aktiv und kreativ nutzen, um sich auszudrücken, zu gestalten, eigene Inhalte zu produzieren, dann können sie auch viel *über* Medien lernen, darüber, wie Medien gemacht werden.

Und wie so oft im Leben ist es auch hier eine Frage des richtigen Maßes. Es geht nicht darum, möglichst früh möglichst viel Technik einzusetzen, sondern offen zu sein für die medialen Erlebnisse und Erfahrungen der Kinder. Bieten Sie den Kindern durch Gespräche, Mal-, Bastel- und Rollenspielangebote Verarbeitungs- und Orientierungshilfen an und ermöglichen Sie ihnen chancengleich einen bewussten, aktiven und kreativen Umgang mit Medien.

Gut zu wissen

Medienbildung in Familie und Kita

Wenn wir von Medien sprechen, sind damit sowohl die analogen Medien wie Brief, Zeitung, Bücher, Schallplatten, Hör- oder Videokassetten als auch digitale Medien wie Internet, E-Books, CDs etc. gemeint. Zu den digitalen Medien zählen außerdem auch die technischen Geräte, die zur Aufzeichnung und Verbreitung von Inhalten genutzt werden, wie Kamera, Mikrofon, Computer und Tablet. Im Kontext digitaler Medien gibt es eine Menge überwiegend englischsprachiger Begriffe, die Ihnen vielleicht nicht alle geläufig sind.

Glossare im Internet (z. B. im Onlinematerialpaket „Ran an Maus und Tablet" in der Rubrik Technik von A–Z), die Begriffe von A wie Account und App über Bits und Bytes, Drag and Drop bis YouTube und Zip-Format mit einfachen Worten erläutern, können da Abhilfe schaffen.

Medien und ihre Verbreitung im Alltag von Familien

Familien mit Kindern sind meist sehr gut mit digitalen Medien ausgestattet. Zur Verbreitung und Nutzung von Medien in Familien gibt es inzwischen eine Vielzahl von Studien, u. a. vom Medienpädagogischen Forschungsverbund Südwest (MPFS). Die im Februar 2018 veröffentlichte FIM-Studie 2016 z. B. untersucht die Kommunikation und Mediennutzung in Familien. Sie zeigt auf, dass fast alle Haushalte mit Kindern über mindestens ein Mobiltelefon verfügen, davon sind drei Viertel Smartphones. Fast alle Familien haben einen Internetzugang, einen Fernseher und ein Radiogerät und fast alle einen Computer bzw. ein Notebook. Bemerkenswert ist die Tablet-Ausstattung, die sich im Vergleich zur letzten FIM-Studie von 2011 verdreifacht hat und inzwischen bei über 50 % liegt.

Das Fernsehen ist zwar noch immer Leitmedium von Kindern wie auch für Familien, wenn es um die gemeinsame Mediennutzung geht, aber auch die Zahl der Kinder, die auf dem Tablet oder Smartphone spielen, malen oder Filme und Fotos anschauen dürfen, nimmt kontinuierlich zu.

Fernsehinhalte werden längst nicht mehr nur klassisch auf dem Fernseher aus dem laufenden Programm abgerufen, sondern zunehmend auch aus Mediatheken oder über Streamingdienste, sodass die Kinder inzwischen auch oft sagen, sie hätten „Tablet geguckt". Durchschnittlich etwas mehr als eine Stunde sehen Kindergartenkinder täglich fern.

Mediennutzung als Freizeitaktivität ist Kindern wichtig, aber ganz oben auf der Skala der Lieblingsaktivitäten stehen immer noch auch draußen spielen und Freund/-innen treffen.

TIPP Machen Sie eine kleine Umfrage unter den Kindern: „Wen ihr wählen könntet, was würdet ihr lieber machen: eine halbe Stunde Fernsehen (oder Tablet spielen) oder eine halbe Stunde von den Eltern vorgelesen bekommen?" Erfahrungsgemäß wählt die Mehrheit der Kinder das Vorlesen …

Es ist erfreulich, dass die Kinder noch immer sehr gern draußen und mit Freundinnen und Freunden spielen und dass das Vorlesen nach wie vor einen sehr hohen Stellenwert hat. Die Vorlesestudien, die die Stiftung Lesen seit 2010 jährlich durchführt, belegen seit Jahren die immense Bedeutung des Vorlesens für die Entwicklung von Kindern, für ihre schulischen Leistungen und die familiären Bindungen, und zeigen auf, dass fast alle Kinder es lieben, wenn ihnen vorgelesen wird und dass sie sich das häufiger wünschen.

Es ist also nicht in erster Linie die oftmals beklagte Sogwirkung von Bildschirmmedien, die Kinder vor den Monitor bringt, sondern es liegt zumindest noch im Kindergartenalter in erheblichem Maße in der Hand der Erwachsenen, wie Kinder ihre Freizeit gestalten. Gibt es z. B. ausreichend Alternativen zum Fernsehen oder „Daddeln"? Und wie gehen wir selbst mit Medien um? Wir sollten Medien nicht zu sehr in den Fokus der Aufmerksamkeit rücken, sondern ihnen einen angemessenen Platz im Alltag zuweisen.

AUF DEN PUNKT Wie kompetent ein Kind mit Medien umgeht, hängt stark davon ab, wie die Erwachsenen in seinem Umfeld Medien nutzen. Die Reflexion unseres Verhaltens, die Auseinandersetzung mit eigenen Nutzungsmustern und -motiven ist also ein ganz wichtiger Aspekt, wenn es darum geht, Kinder dabei zu unterstützen, Medien sinnvoll zu nutzen. Wir müssen ein Bewusstsein dafür entwickeln, wann Medien in unserem Alltag hilfreiche Werkzeuge sind und wann sie Sendepause haben sollten. Unsere Haltung und unsere Umgangsformen bestimmen ganz wesentlich die der Kinder.

Die Rolle der Eltern

Ihre ersten Medienerfahrungen sammeln Kinder in der Familie, dort werden erste Mediennutzungsstile geprägt. Eltern spielen also eine ganz wesentliche Rolle im Hinblick auf die Medienkompetenz ihrer Kinder. Den Eltern ist oftmals aber gar nicht bewusst, was für eine wichtige Vorbildfunktion sie auch hinsichtlich der Mediennutzung haben. Viele nutzen z. B. ihr Smartphone weitaus häufiger, als sie es für ihre Kinder befürworten würden und verwenden nicht selten Medien auch als Babysitter oder zur Belohnung bzw. Bestrafung von kindlichen Verhaltensweisen.

Aber Medien sind kein Babysitter, kein „Goodie" für gewünschtes Verhalten oder Druckmittel bei Nichtgehorsam. Damit verschaffen wir ihnen einen Stellenwert, den sie nicht haben sollten.

Wenn Mahlzeiten, gemeinsame Unternehmungen oder Gespräche jederzeit durch Mails, WhatsApp-Nachrichten oder Anrufe gestört werden dürfen, dann bekommen die technischen Geräte zu viel Raum. Eltern müssen dafür sensibilisiert werden, dass zum Familienleben auch medienfreie Zeiten gehören, dass es Absprachen braucht und dass bestimmte Nutzungsregeln auch für die Erwachsenen gelten.

GUT ZU WISSEN Die Kita als der Ort, an dem Sie als Fachkraft täglich mit Eltern zusammentreffen, eröffnet die Gelegenheit, Eltern in Medienerziehungsfragen zu unterstützen und auch die Eltern zu erreichen, die ansonsten medienpädagogische Beratungsangebote nicht wahrnehmen würden.

Darüber hinaus ist es für eine tragfähige Erziehungs- und Bildungspartnerschaft grundlegend, dass die Eltern darüber informiert werden, warum und wie in der Kita mit Medien gearbeitet wird.

Da viele Eltern digitalen Medien in der Kita kritisch gegenüber stehen, liefert die folgende Liste Argumente für die Arbeit mit digitalen Medien in der Kita.

FAKTEN & ARGUMENTE FÜR DIE GESPRÄCHE MIT ELTERN

Warum Medien ein Thema in unserer Kita sind

- Digitale Medien sind auch für Kinder inzwischen ganz alltäglich, doch deshalb sind sie nicht automatisch medienkompetent.
- Wir wollen Kinder dabei unterstützen, einen kompetenten und kritischen Umgang mit Medien zu entwickeln.
- Kinder sind von Medien fasziniert und diese Faszination wollen wir hier in der Kita aufgreifen: konstruktiv und kreativ.
- Wir sind offen für die medialen Erlebnisse und Erfahrungen der Kinder und wollen ihnen durch Gespräche, Mal-, Bastel- und Rollenspielaktionen Verarbeitungs- und Orientierungshilfen anbieten.
- Medien können ein hilfreiches Werkzeug in Bildungsprozessen sein. Dabei geht es nicht nur um das Bedienen von technischen Geräten, sondern um deren kreative Nutzung.
- Die Kinder lernen Medien als Informationsquelle und Ausdrucks- und Gestaltungsmittel für eigene Ideen, Gedanken und Erlebnisse kennen.

- Wir wollen den Kindern Raum zum Experimentieren und freien Gestalten eröffnen. Dabei achten wir darauf, nicht andere wesentliche Erfahrungen zu verdrängen oder zu ersetzen, sondern angemessen zu ergänzen.

TIPP In vielen Bundesländern können Kitas auch kostenlos oder kostengünstig medienpädagogische Unterstützung für die Durchführung einer Informationsveranstaltung für Eltern in Anspruch nehmen. Informieren Sie sich bei Ihrer Landesmedienanstalt oder bei der Initiative Klicksafe (siehe Referentennetzwerk)!

Wie Medien wirken

Die Frage danach, wie Medien wirken, lässt sich nicht einfach mit „wenn – dann" beantworten. Früher hat man den Fokus auf die Medien gerichtet und angenommen, dass z. B. aggressive Medieninhalte aggressives Verhalten auslösen. Doch ganz so einfach ist es nicht. Diese sogenannte Reiz-Reaktions-These würde ja im Umkehrschluss bedeuten, dass ein positives mediales Verhaltensvorbild auch entsprechendes gewünschtes Verhalten hervorrufen würde. Seit den 1980er-Jahren hat sich eine Betrachtungsweise durchgesetzt, die das Individuum stärker berücksichtigt. Anstelle von „Was machen die Medien mit den Menschen?" fragt man nun eher „Was machen die Menschen mit den Medien?"

Die potenzielle Wirkung von Medieninhalten muss also im Kontext der Nutzungssituation sowie der weiteren Faktoren, die für die kindliche Entwicklung und Sozialisation bedeutsam sind, betrachtet werden:

- Persönlichkeit und Entwicklungsstand des Kindes
- Atmosphäre und Umgangsformen in der Familie
- Qualität des Medieninhalts und Situation, in der der Medieninhalt konsumiert wird
- Möglichkeiten/Bedingungen im Lebensumfeld
- Umgangsformen und Stellung in der Gleichaltrigengruppe
    - Atmosphäre und Umgangsformen in der Kita

GUT ZU WISSEN Für die Frage nach potenziellen Wirkungen von Medieninhalten müssen die Persönlichkeit des Kindes, die Vorbilder und Bedingungen in seinem Lebensumfeld sowie die Mediennutzungssituation und die Art der Medieninhalte berücksichtigt werden.

Ein Kind, das mit problematischen – z. B. aggressiven – Medieninhalten alleingelassen ist, diese also nicht im Austausch mit Erwachsenen verarbeiten kann und dem es in seinem Umfeld an tragfähigen Identifikationsangeboten fehlt, neigt stärker dazu, problematische Verhaltensvorbilder zu übernehmen.

Hinsichtlich der Sorge vor Realitätsflucht, Bewegungsarmut, Suchtgefahren u. Ä. bedeutet das, dass Kinder, die in ihrem Umfeld einen hohen Medienkonsum beobachten, denen es in ihrer Lebenswelt an Freizeitmöglichkeiten fehlt und die wenig Sozialkontakte haben, mit größerer Wahrscheinlichkeit in mediale Angebote flüchten, als Kinder, die ein anregungsreiches Umfeld und aufmerksame Bezugspersonen haben und die erleben, dass Medienaktivitäten nur eine von mehreren Optionen zur Freizeitgestaltung sind.

Die Bedeutung für die kindliche Entwicklung

Medien in der Lebenswelt von Kindern

Medien spielen neben anderen Faktoren wie Familie, Umfeld, Freunde, Kita etc. eine nicht unwesentliche Rolle für die Entwicklung, Sozialisation und Identität von Kindern. Obwohl Kinder heute als „Digital Natives" bezeichnet werden, weil sie in diese digitale Welt hinein geboren werden, bedeutet das nicht, dass sie automatisch über die notwendige Medienkompetenz verfügen. Ihre Lebenswelt ist von Medien durchdrungen, doch die Kinder müssen den kritischen und kompetenten Umgang damit erst erlernen.

Wie Kinder Medien nutzen und verstehen

▶ *Leo will den Fernseher immer ausschalten, bevor das Sandmännchen den Sand streut, damit er noch ein bisschen wach bleibt. Ayshe fragt ihre Mutter besorgt, ob sie vielleicht krank sei oder ob es ihr gut geht. Nachdem im Kindergarten das Märchen vom Aschenputtel vorgelesen wurde, hat Ayshe Angst, eine böse Stiefmutter zu bekommen.* ◀

Kinder verstehen Medieninhalte anders als wir Erwachsenen. Im Kindergartenalter können sie den Zusammenhang eines Films noch nicht verstehen, mehrere Handlungsstränge oder Zeitsprünge sind für sie nicht nachvollziehbar. Ihr Filmerleben ist sehr emotional, distanzlos und von ihrem Erfahrungshorizont geprägt, d. h. je dichter die Medieninhalte an ihrer eigenen Lebenswelt sind, umso intensiver nehmen sie sie wahr. Realität und Fiktion sowie

Programm und Werbung können sie nur schwer oder noch gar nicht auseinanderhalten (vgl. dazu auch Neuß 2012).

Das gilt ähnlich auch für die Nutzung von Spielapps. Kleinkinder verknüpfen ihr bisheriges Wissen mit den digitalen Spielinhalten. So will ein Kind z. B. die Pfanne auf dem Display nicht berühren, weil es weiß, dass Pfannen heiß sind (vgl. dazu auch Feil 2016).

Zweijährige Kinder können das Tablet an- und ausschalten und Apps durch Drücken starten, allerdings stellen Aktionen, bei denen durch Wischen oder Ziehen Dinge verschoben werden sollen, eine Überforderung dar, und ihnen ist nicht klar, dass beispielsweise eine Animation startet, wenn sie eine Figur antippen.

Fünf- und sechsjährige Kinder können Apps meist ohne größere Erklärungen bedienen, sie können auf die Spielinhalte schnell reagieren und finden sich gut zurecht. Aber sie können sich oftmals nur schwer vom Spiel lösen, und nicht alles ist für sie verständlich.

GUT ZU WISSEN Kinder sollten Medien nicht allein nutzen. Eine begleitete, kommunikative Situation schafft Nähe und eröffnet dem Kind die Möglichkeit, Fragen zu äußern und so Inhalte zu verarbeiten. Auf der Webseite des JFF finden Sie in der Rubrik „Frühkindliche Medienbildung" umfangreiche Information zu entwicklungspsychologischen Grundlagen und kindlicher Mediennutzung.

JFF - Institut für Medienpädagogik

Jugend Film Fernsehen e.V.

↳ Tipp! Gute Entwicklungstabellen vgl. Ausdrücke

Warum Kinder Medien nutzen

Micah (6 Jahre) kommt neuerdings häufig verkleidet in den Kindergarten. Mal ist er Spiderman, manchmal hat er ein Ritterkostüm oder einen Ninjagoanzug an. Sein Vater erzählt, dass er neuerdings am liebsten Superheldengeschichten hören möchte …

In der Auseinandersetzung mit ihrer Umwelt und mit den Fragen des Heranwachsens suchen Kinder nach Vorbildern, Identifikationsmöglichkeiten und Orientierungshilfen. Dabei werden sie auch in den Medien fündig. Die Medienheldinnen und -helden bieten ihnen auch Projektionsfläche für eigene Wünsche, Bedürfnisse und Vorstellungen, sie dienen als Identifikationsobjekte. Die Vorliebe für bestimmte Inhalte lässt also auch Rückschlüsse darauf zu, wofür sich Kinder gerade interessieren, womit sie sich auseinandersetzen, welche Entwicklungsthemen sie gerade beschäftigen.

Ähnlich wie wir Erwachsenen genießen es aber auch Kinder, einfach mal „abzuhängen", sie nutzen Medien(-inhalte) auch zur Entspannung und zur Unterhaltung. Sie tauchen ab in die Geschichten und gehen sehr emotional mit dem Geschehen mit. Auch „Angst-Lust" ist ein Motiv, d. h. Kinder genießen eine gewisse Spannung – natürlich immer vorausgesetzt, dass sie sich nicht davon überfordert fühlen. Und bereits im Kindergartenalter wollen Kinder „dazugehören", sich auskennen, mitreden können in der Freundesgruppe. Sie schnappen auf, was andere sehen, spielen oder hören dürfen und wollen das selbst auch.

Es gibt also verschiedene Gründe, warum Kinder Medien nutzen:

- Neugier/Information/Spaß
- Gegen Langeweile

- Befriedigung des Spannungsbedürfnisses („Angst-Lust“)
- Vermeidung/Ablenkung von belastenden Situationen
- Suche nach Vorbildern
- Bindung und Orientierung an Medienfiguren
- Dazu gehören / mitreden können

Zurück zum Beispiel des sechsjährigen Micah: Wie die meisten Kinder in diesem Alter beschäftigt sich Micah intensiv mit dem anstehenden Wechsel in die Grundschule. Das ist aufregend und spannend, aber auch ein bisschen beängstigend, und da kann die Vorstellung, Superkräfte zu haben und unbesiegbar zu sein, ganz tröstlich sein …

Deshalb: Fragen Sie nach, seien Sie offen für die Medienerlebnisse von Kindern! Sie helfen den Kindern so nicht nur, Medieninhalte zu verarbeiten, sondern Sie schaffen vielfältige Gesprächsanlässe und erfahren einiges darüber, was die Kinder gerade beschäftigt und interessiert.

Wann ist ein Kind medienkompetent?

Nach Dieter Baacke (1999) ist der Begriff Medienkompetenz in vier Dimensionen zu gliedern:

- Medienkunde
- Mediennutzung
- Medienkritik
- Mediengestaltung

Vereinfacht gesagt bedeutet das, dass das medienkompetente Kind weiß, welche Medien es gibt, wie diese benutzt werden und welches Medium für welchen Zweck geeignet ist (Medienkunde und Mediennutzung). Es hat eine Vorstellung davon, dass Medien von Menschen gemacht sind und dass nicht alles, was echt aussieht, auch echt sein muss (Medienkritik). Das medienkompetente Kind ist in der Lage, Medien auch aktiv zur Gestaltung eigener Aussagen, Anliegen und Beiträge zu verwenden (Mediengestaltung).

Es geht also explizit nicht nur um das Bedienen von technischen Geräten, sondern darum, Medien für eigene Zwecke und Bedürfnisse verwenden zu können, sich kritisch und kompetent mit Medien und ihren Inhalten und Wirkungen auseinanderzusetzen und auch eigene Medienbeiträge erstellen zu können – und natürlich auch einfach mal abzuschalten!

Förderung von Medienkompetenz

Um Medienkompetenz im Kindergartenalter zu fördern, sollten Kinder die Möglichkeit haben, Medien ergänzend zur rezeptiven Nutzung, die sie von zu Hause kennen, auch aktiv und kreativ zu nutzen. Das heißt, dass sie digitale Medien dafür verwenden, um Themen zu bearbeiten, Informationen zu suchen, Arbeitsprozesse und -ergebnisse zu dokumentieren, eigene Ideen, Gedanken und Erlebnisse zum Ausdruck zu bringen. Sie können z. B. Tierspuren und -nester fotografieren, den Ameisenhaufen filmen oder Vogelstimmen aufnehmen. Gerade Natur und Technik passen gut zusammen, denn einiges, das wir draußen entdecken, kann besser digital statt real eingesammelt werden. Und sie können selber Bilderbücher, Trickfilme oder Hörspiele herstellen. Sie lernen so, wie Medien entstehen, wie leicht etwas digital verändert werden kann und bekommen einen ersten kleinen Blick hinter die Kulissen der Medienwelt.

So lernen Kinder Medien auch als Ausdrucks- und Gestaltungsmittel und als Informationsquelle kennen. Sie lernen, wie verschiedene technische Geräte zu bedienen sind. Dabei geht es darum, Kindern Raum zum Experimentieren und freien Gestalten zu eröffnen, aber auch darauf zu achten, nicht andere wesentliche Erfahrungen zu verdrängen oder zu ersetzen, sondern diese angemessen zu ergänzen.

TIPP Auf den Webseiten der Landesmedienanstalten finden Sie nicht nur medienpädagogische Projekte, Beratungs- und Fortbildungsangebote, sondern oftmals auch Grundlagenwissen und aktuelle Informationen rund um Medien als Thema und Aufgabe im pädagogischen Kontext.

Ganz praktisch

Wie können digitale Medien in der Kita sinnvoll eingesetzt werden?

Bevor Sie loslegen und Medien in den Kita-Alltag integrieren, sollten Sie unbedingt im Team klären, wie die Einstellung der Kolleginnen zum Thema ist. Wenn Sie konsensfähig und nachhaltig Medienbildung in der Kita verankern möchten, dann bedarf es der differenzierten Auseinandersetzung im Team. Diskutieren Sie gemeinsam Haltungen und Erwartungen, erarbeiten Sie Zielvorstellungen, pädagogische Leitlinien und ein Konzept und holen Sie die Eltern mit ins Boot. Denken Sie an **K I T A,** wenn Sie Medien in die Kita integrieren:

Konzept/Haltung/Kompetenz: Erarbeiten Sie im Team das *Warum und Wie des Medieneinsatzes,* setzen Sie sich mit Ihrer Haltung zum Thema auseinander, diskutieren Sie, welche Ziele Sie erreichen wollen und welche Leitlinien für den Medieneinsatz gelten sollen. Verankern Sie die Ergebnisse Ihrer Überlegungen in der Konzeption Ihrer Einrichtung.

Information/Integration: Holen Sie die Eltern von Anfang an mit ins Boot durch niedrigschwellige Informationsangebote, gemeinsame Aktionen und Hospitationsmöglichkeiten.

Technik- und Materialbeschaffung: Überlegen Sie, welche Ausstattung es bereits gibt und was evtl. noch gebraucht wird. Bedenken Sie dabei: Weniger ist mehr: Technik macht noch keine Medienpädagogik! Klären Sie, wer Sie unterstützen kann, wer sich um den Support kümmert.

Abläufe reflektieren: Behalten Sie immer Prozess und Produkt im Blick, bauen Sie keinen überhöhten Leistungsdruck oder Perfektionismus auf. Reflektieren Sie die Erfahrungen aus der Medienarbeit mit Kindern, Team und Eltern. Notieren Sie Tipps und Abläufe, um das erworbene medienpädagogische Wissen im Team und in der Einrichtung zu verankern. (Vgl. Roboom 2019)

Lernen mit und über Medien

Die Potenziale, die Medien und ihre Inhalte für die pädagogische Arbeit eröffnen, sind vielseitig. Medienbildung umfasst alle Bildungsaktivitäten, die darauf abzielen, Kinder medienkompetent zu machen, sie also dazu zu befähigen, kritisch, kundig, aktiv und gestaltend mit Medien umzugehen.

Das Lernen mit und über Medien kann und sollte mit den anderen Bildungsbereichen verknüpft werden. Medien und ihre Inhalte liefern Sprachanlässe, sind Erinnerungshilfe, Ausdrucks- und Bildungsmittel. Mit Video, Foto und Ton können alltägliche (Spiel-) Situationen, (Sprach-)Entwicklungsprozesse und Lernfortschritte dokumentiert werden. Medien sollten aber auch von den Kindern genutzt werden können, um sich auszudrücken, Erlebnisse festzuhalten, Eindrücke zu be- und verarbeiten.

Dabei sind verschiedene Dimensionen zu berücksichtigen:

- **Medien zum Thema machen** – das Interesse der Kinder an Medien und ihren Inhalten aufgreifen, ihnen durch Mal- und Gesprächsangebote oder Rollenspiele Verarbeitungshilfen anbieten, die Eltern einbeziehen
- **Medien(-inhalte) nutzen und beurteilen** – Gemeinsam verschiedene Medien nutzen, Inhalte und Machart vergleichen, kritisch beurteilen, auswählen lernen
- **Medien aktiv verwenden** – Medien produktiv verwenden, sie auch als Ausdrucks- und Gestaltungsmittel für Erlebnisse, Ideen und Themen kennenlernen, erkennen, dass und wie Medien gemacht werden
(vgl. Roboom 2017)

Zu diesen drei Dimensionen finden Sie ab S. 24 eine Reihe von methodischen Anregungen mit und ohne Technik, die sich ohne großen Aufwand in der Kita realisieren lassen.

Planung und Ausstattung

In der Kita mit und über Medien zu arbeiten, heißt nicht, dass Sie jetzt möglichst viel Technik anschaffen und alles nur noch digital gestalten müssen. Wie eingangs schon gesagt: Es kommt auf das richtige Maß an. Seien Sie offen für die Medienerfahrungen der Kinder. Mit Gesprächs-, Mal-, Bastel- und Spielangeboten rund um Medien und ihre Inhalte unterstützen Sie Kinder dabei, ihre Medienerfahrungen zu verarbeiten. Nutzen Sie das Potenzial, das in der aktiven und kreativen Nutzung von Medien steckt und eröffnen Sie Kindern auf diese Weise einen vielseitigen, aktiven Umgang mit Medien.

Alle hier beschriebenen Anregungen lassen sich gut mit Kindern ab etwa fünf Jahren realisieren. Wenn in altersgemischten Gruppen gearbeitet wird, müssen die kleineren Kinder aber nicht ausgeschlossen werden. Wenn Kinder die Erfahrung machen, dass digitale Medien als gleichrangiges Angebot oder Werkzeug im Kita-Alltag zum Einsatz kommen und es auch Alternativen gibt, verliert sich erfahrungsgemäß schnell der Reiz des Neuen, und es ist keinesfalls so, dass alle immer nur an die Technik wollen.

Einige der hier beschriebenen Bausteine lassen sich ohne Technik realisieren. Ansonsten benötigen Sie für die Durchführung ein Tablet oder eine Kamera bzw. ein Mikrofon. Für einen Trickfilm sowie Videoprojekte ist zusätzlich ein Stativ nötig. Eine externe Festplatte ermöglicht die Sicherung von Daten. Drucker, Beamer, Lautsprecher u. Ä. sind hilfreiche Zusatzgeräte. Hinsichtlich der benötigten Apps bzw. Programme lautet die Devise: Weniger ist mehr! Es gibt unglaublich viele mehr oder weniger sinnvolle Anwendungen, allerdings lässt sich auf Tablets bereits mit den Bordmitteln, also mit den Apps, die bereits installiert sind, in Kombination mit einigen wenigen zusätzlichen Apps sehr gut arbeiten.

TIPP Das Onlinematerialpaket „Ran an Maus und Tablet" liefert grundlegende Informationen und konkrete Tipps rund um die benötigte Ausstattung und zu rechtlichen Fragen. Sie finden dort auch Tipps zur Zusammenarbeit mit Eltern sowie zahlreiche methodische Anregungen und Anleitungen zu vielen Programmen.

Datenschutz und Recht

Und natürlich gilt es auch Fragen rund um Rechtliches, Datenschutz und Sicherheit zu bedenken. Standard ist, dass Foto-, Video- oder Audioaufnahmen nicht ohne Einverständniserklärung der Eltern gemacht oder veröffentlicht werden. Auch das Recht am eigenen Bild ist ein Thema, das man gut mit Kindern besprechen kann. Machen Sie den Kindern klar, dass nicht jeder einfach so Fotos von ihnen machen und schon gar nicht ohne ihre Einwilligung veröffentlichen darf. Und wenn Sie gemeinsam Dokumentationen aus dem Kita-Alltag anfertigen, überlegen Sie, ob wirklich immer Gesichter zu sehen sein müssen oder ob Aufnahmen, die die Kinder von hinten oder oben in Aktion zeigen, nicht völlig ausreichend sind, um die Atmosphäre einzufangen und Aktivitäten zu zeigen.

Und so wenig wie man in der Schule einfach so abschreiben darf, so wenig darf man auch einfach so Texte oder Bilder von Webseiten herunterladen und ohne Angabe der Quelle verwenden. Auch aktuelle Lieblingshits dürfen nicht einfach so als Untermalung für den eigenen Film verwendet werden.

Medien zum Thema machen

Erzählen lassen

Was ist deine Lieblingssendung? Was magst du an deiner Lieblingsfigur am meisten? Was spielst du gern am Tablet? Kinder reden gern über ihre Medienvorlieben und -idole. Fragen Sie nach! Seien Sie offen, nutzen Sie die Sprachanlässe! Sie müssen nicht alles gut finden, was die Kinder sehen, hören und spielen, aber Sie sollten sich für die Inhalte interessieren und unvoreingenommen nachfragen, denn Kinder erzählen auch viel von sich selbst und von dem, was sie gerade beschäftigt, wenn sie von ihren medialen Vorlieben berichten.

Malen

Lassen Sie die Kinder malen, was sie gesehen, gehört, gespielt haben bzw. wer ihr Medienstar ist. Und wieder gilt: Fragen Sie nach! Medien liefern Sprachanlässe par excellence. Und außerdem ist nicht immer auf den ersten Blick erkennbar, was Kinder mit ihren Bildern zum Ausdruck bringen wollen. Aus den Bildern kann ein Ratespiel gestaltet werden: Wer erkennt die Medienfigur?

Das Malen kann klassisch auf Papier stattfinden, aber auch digital angeboten werden. Geeignete Programme für Computer sind z. B. MS Paint oder Tux Paint, auf Tablets kann z. B. die Notizenapp, die zu den Bordmittel gehört, genutzt werden.

Ausstellen

Besprechen Sie mit den Kindern, ob die gemalten Medienerlebnisse und -idole ausgestellt werden dürfen. Eine Galerie im Kitaflur kann ein guter Anlass sein, um auch die Eltern ins Boot zu holen und mit ihnen über Medien ins Gespräch zu kommen. Die Bildergalerie kann als Ratespiel „Wer ist das?" gestaltet werden. Eine interessante Ergänzung sind mediale Mitbringsel: Das können Plüschtiere, Brotdosen, Hausschuhe oder T-Shirts mit Medienstars sein oder auch die Kekspackung, auf der Käpt'n Sharky abgebildet ist, der ausgewaschene Joghurtbecher mit dem Wickie-Konterfei, die leere Fruchtgummitüte mit Lillifee drauf … Beim Sammeln der medialen Ausstellungsstücke können Sie sich mit den Kindern darüber austauschen, ob die Kekse mit Käpt'n Sharky oder die Lillifee-Fruchtgummies wirklich leckerer sind und warum die Figuren darauf wohl abgebildet sind.

Rollenspiele

Auch Rollenspiele eignen sich sehr gut, um Medienerlebnisse aufzugreifen und neu zu interpretieren. Da kann dann auch mal die Prinzessin zur Retterin werden und der Superheld darf ängstlich sein. Regen Sie Kinder dazu an, nicht immer nur die stereotypen Rollenvorbilder zu imitieren, sondern diese auch mal zu hinterfragen und aufzuweichen.

Umfrage

Was nutzen wir? Machen Sie Ihre eigene kleine Umfrage in der Kita darüber, welche Medien in der Familie und welche im Kinderzimmer vertreten sind. Lassen Sie die Kinder aufzählen, was sie kennen, z. B. Bücher, Zeitung, CD-Spieler, Radio, Kassettenrekorder, Fernseher, DVD-Spieler, Computer, Tablet, Handy, sprachgesteuerte Lautsprecher …

Machen Sie gemeinsam von jedem Medium ein Foto oder lassen Sie die Kinder malen. Stellen Sie aus den entstandenen Bildern oder aus Ausmalbildern aus dem Internet ein Medienpotpourri-Schaubild zusammen. Nun können die Kinder jeweils ausmalen, welche Medien es bei ihnen zu Hause gibt. Oder Sie notieren auf einer Wandzeitung, was in den Familien vorhanden ist.

Unterhalten Sie sich mit den Kindern darüber, was sie wann am liebsten nutzen und wann man einfach mal abschaltet.

Medien(-inhalte) nutzen und beurteilen

Vorlesen

Bilderbücher gehören zum Kita-Alltag. Vorlesen ist für das Lesenlernen, für die Entwicklung von Empathie, sozialen Kompetenzen und Kreativität, aber auch für familiäre Bindungen enorm wichtig. Die Vorlesestudie von 2012 der Stiftung Lesen hat gezeigt, dass mit Bilderbuchapps auch die Eltern zum Vorlesen motiviert werden können, die bisher eher wenig vorgelesen haben.

Räumen Sie dem Vorlesen also ausreichend Platz ein. Und lassen Sie die Kinder auch mal ihre Lieblingsbücher mitbringen, auch hier eröffnen sich wieder vielfältige Sprachanlässe über Vorlieben, Themen und Interessen.

Bilderbuchkino

Ergänzend zum klassischen Bilderbuch ist auch ein Bilderbuchkino spannend. Viele Verlage bieten die Illustrationen aus ihren Büchern kostenlos als PDF zum Download an. Geben Sie auf der Webseite des jeweiligen Verlages im Suchfeld das Schlagwort „Bilderbuchkino" ein, so gelangen Sie zur Downloadseite.

Wenn Sie einen Beamer an den PC oder das Tablet anschließen, können alle Kinder großformatig die Bilder sehen, während Sie den Text aus dem Buch dazu vorlesen.

Wenn Ihnen ein Tablet zur Verfügung steht, können Sie auch Bilderbuch-Apps nutzen. Diese bieten neben der Geschichte auch kleine Spiele an und einzelne Figuren oder Gegenstände sind animiert, d. h. es ertönt ein Geräusch oder es folgt eine kleine Aktion, wenn sie angetippt werden. Die Vorlesefunktion kann an- und ausgeschaltet werden. Mit der Aufnahmefunktion können die Kinder Geräusche und Musik, die zur Geschichte passen, aufnehmen oder auch zu einzelnen Passagen eigene Texte z. B. in unterschiedlichen Sprachen einsprechen. So eröffnet sich eine weitere Möglichkeit zur Bearbeitung der angebotenen Geschichte. Auf der Webseite der Stiftung Lesen finden Sie eine kommentierte Liste mit empfehlenswerten Kinderbuchapps und die „Standpunkte: Digitales Lesen".

Titelmelodien raten

Die Titelmelodien bekannter Kinderserien finden Sie über Suchmaschinen im Internet, über Musikstreamingdienste oder zusammengestellt auf CDs. Spielen Sie den Kindern die Clips vor und lassen Sie sie raten, um welche Serie es sich handelt. Fragen Sie nach, ob die Kinder die Serie kennen, was sie daran mögen, wann oder mit wem sie sie gesehen haben. Gespräche und Ratespiele rund um Lieblingsserien können ein guter Einstieg sein, um anschließend selbst z. B. einen Trickfilm zu machen (siehe S. 35 ff.).

Podcasts

Podcasts sind Hörbeiträge, die über das Internet anderen zugänglich gemacht werden. Inzwischen gibt es auch für Kinder eine große Auswahl, doch längst nicht alles, was abrufbar ist, ist auch für Kinder geeignet.

Das gilt natürlich für klassische Hörspiele genauso. Hörspiele gehören zu den Medieninhalten, denen Erwachsene relativ wenig Vorbehalte entgegenbringen. Schon früh dürfen Kinder meist ziemlich eigenständig über den CD-Spieler verfügen. Doch auch bei Hörspielen sollte auf Qualität geachtet werden.

Hören Sie doch mal zusammen mit den Kindern ein Hörspiel an. Anders als beim Hörbuch ist ein Hörspiel atmosphärisch inszeniert: Geräusche und Musik untermalen und betonen die Handlung und unterstützen das Entstehen innerer Bilder. Fragen Sie die Kinder beim gemeinsamen Hören immer wieder, welche Geräusche zu hören sind. Und hat jemand eine Idee, wie diese Geräusche gemacht werden? Mit einem Geräuschekoffer, in dem Utensilien zum Herstellen von Geräuschen gesammelt werden, können die Kinder experimentieren. Zwei Kokosnussschalen, die rhythmisch aneinandergeschlagen werden, klingen wie Hufgetrappel, ein Lineal, das auf den Tisch knallt, ist ein Pistolenschuss. Mit einem großen, dünnen Blech können Donnergeräusche erzeugt werden und kommt der Regenmacher dazu, kann sich das nach einem ordentlichen Unwetter anhören.

Medien bewerten

Was macht eine gute Kinderserie, ein gutes Buch, Spiel oder Hörspiel aus? Regen Sie die Kinder an, sich damit auseinanderzusetzen, was ihnen gut und weniger gut gefällt und sammeln Sie gemeinsam Qualitätskriterien. Überlegen Sie jeweils ein passendes Symbol z. B. zu Kriterien für gute Spiele:

- Spiel und Spaß
- Figuren
- Gestaltung & Musik
- Aufgaben & Hilfestellung

- Orientierung & Navigation
- Nervige Werbung

Entwickeln Sie daraus gemeinsam einen Bewertungsbogen.

TIPP Der medienpädagogische Verein Blickwechsel e. V. hat mit dem Projekt „BildungshAPPchen" auf seiner Webseite Wissenswertes, Orientierungshilfen und Empfehlungen rund um Bewertungskriterien und die Auswahl von Apps, App-Berechtigungen und Sicherheitseinstellungen speziell für die medienpraktische Arbeit in der Kita zusammengestellt. Auch einen Bewertungsbogen können Sie dort kostenlos downloaden.

Wenn Sie in der Einrichtung gemeinsam analoge und digitale Bücher gelesen, Spiele gespielt, Hörspiele gehört oder vielleicht sogar eine Sendung angesehen haben, regen Sie die Kinder an, ihre Meinung dazu zu äußern: Was hat euch gut gefallen? Was weniger gut? Warum?

Mit dem Bewertungsbogen können die Meinungen der Kinder anschließend zusammengefasst und bildlich dargestellt werden: Zu jedem Kriterium vergeben die Kinder eine bestimmte Anzahl von Sternen oder einen mehr oder weniger freundlichen Smiley. Hängen Sie besonders gut bewertete Medieninhalte als Medien-Tipp für die anderen Gruppen oder die Eltern im Kitaflur aus.

Themen-Ecke

Haben Sie in der Kita die Möglichkeit, eine Ecke oder Wand zum Thema Medien einzurichten? Sie bietet den Kindern Ausstellungsfläche für ihre Zeichnungen, Collagen, Fotos und Mitbringsel rund um Medien und ihre Inhalte. Sie kann außerdem als Anlass dienen, um auch mit Eltern über das Thema ins Gespräch zu kommen. Broschüren zur familiären Medienerziehung, Studien zur Mediennutzung oder Hinweise auf Kampagnen wie „Einfach vorlesen" sind eine informative Ergänzung der Ausstellung.

Medien aktiv verwenden

Fotosuchspiele und -rätsel

Der Blick durch den Fokus der Kamera kann die Aufmerksamkeit auf Details und Besonderheiten lenken. Je nach gewähltem thematischem Schwerpunkt geht es darum, die Wahrnehmung der Kinder auf kleine unscheinbare Dinge und Details zu richten. Die Aufgabe kann z. B. sein: „Fotografiert einen Ausschnitt von einem Gegenstand, damit wir später raten können, was ihr fotografiert habt. Macht danach noch ein Foto, auf dem der komplette Gegenstand zu erkennen ist."

Die Kinder fotografieren dann z. B. das Schlüsselloch und anschließend die Tür oder den Verschluss der Wasserflasche und anschließend die ganze Flasche.

Die Aufgabenstellung kann sich auch auf Buchstaben, Zahlen, Mengen, Formen, Farben in der Umgebung oder auch auf markante Punkte beziehen, durch die sich ein Weg finden und der Orientierungssinn schärfen lässt.

So können z. B. die älteren Kinder der Gruppe für die neuen Kinder Fotorätsel gestalten, auf denen beispielsweise die Tür zur Mensa, die Garderobenhaken, die Waschbecken oder das Klettergerüst abgebildet sind. Die neuen Kinder erhalten eine Auswahl von Rätselbildern und suchen den dazugehörigen Ort.

Fototricks – real

Je nach Perspektive und Beleuchtung wirken Fotos immer wieder ganz anders und können das Auge sogar täuschen – auch ohne digitale Nachbearbeitung.

Probieren Sie mit den Kindern aus, wie unterschiedlich die Fotos aussehen, je nachdem, ob sie aus der Vogel-, Frosch- oder Normalperspektive aufgenommen worden sind. Experimentieren Sie auch mit Licht: Mit einer Taschenlampe oder einem Strahler können die Fotos von der Seite, von oben, unten oder hinten ausgeleuchtet werden.

Durch perspektivische Tricks lässt sich auch der Eindruck erwecken, als stünde ein Kind auf einem Tischtennisschläger oder balanciere auf einer Kekspackung. Dieser Eindruck entsteht dadurch, dass der Tischtennisschläger bzw. die Kekspackung näher an der Kamera ist als das Kind und dadurch größer wirkt.

Fototricks – digital

Es gibt inzwischen viele einfache Bildbearbeitungs-Apps, mit denen ganz einfach getrickst werden kann. In der Fotogalerie, in der die Fotos angesehen werden, können die Fotos nicht nur zugeschnitten und verbessert werden. Mit einem Fingertipp können die Fotos durch verschiedene Filter verändert werden. Einige

Apps (z. B. Doodle, Photo Booth, Gimp oder Pixlr) bieten Filter, die Fotos wie Gemälde, Negativstreifen oder Bleistiftzeichnungen aussehen lassen oder uns durch sepiafarbene Tönung auf Zeitreise schicken.

Besonders viel Spaß macht den Kindern das digitale Schummeln. Mit Apps wie Chomp, MSQRD, My Talking Pet oder ChatterPix Kids können sie Fotos z. B. animieren oder zum Sprechen bringen. Mit PicCollage können sie ganz leicht Collagen oder Montagen erstellen. Für die Montagen werden zwei Fotos kombiniert. So wird z. B. ein Kind so fotografiert, als säße es auf dem Rücken eines großen Tieres – stattdessen vielleicht auf dem Klettergerüst. Dann wird in der App das Kind aus dem Hintergrund herausgeschnitten und in das andere Foto – z. B. von einem gefährlichen Dinosaurier – hineingesetzt und so platziert, also würde es auf dem Dino reiten. Solche Fotomontagen eignen sich sehr gut für die Entwicklung eigener Geschichten.

Geschichten bebildern

Kinder lieben Geschichten, Bilderbücher stehen hoch im Kurs. Es ist gar nicht schwer, selbst ein Bilderbuch zu erstellen. Mit der App Book Creator (nur für iOS) lassen sich ganz einfach Fotos, Text, Zeichnungen und sogar Ton und Video zu einem Gesamtwerk zusammenstellen. Aber auch aus Fotos oder Zeichnungen, die am Rechner in ein Textverarbeitungsprogramm eingefügt oder auf Tonkarton aufgeklebt werden, können eigene Bilderbücher entstehen. Grundlage der Geschichte kann eine bekannte Vorlage sein, die modifiziert oder einfach mit eigenen Bildern versehen wird. Auch Gedichte eignen sich gut als Vorlage oder Fotomontagen wie unter „Fototricks – digital" beschrieben: Wie ist das Kind auf den Dinosaurier gekommen? Zeitreise? Und was passiert als nächstes?

Ordnungen, Abläufe und Alltagsrituale bebildern

Was gehört in diese Kiste? Wie soll die Bauecke aufgeräumt aussehen? Was gehört auf den Esstisch? Welche Regeln haben wir in der Medienecke?

Fotos eignen sich gut, um Alltägliches im Bild festzuhalten. Fotos, die abbilden, was in die jeweilige Materialkiste gehört, oder der Zustand, in dem sich die Funktionsecke nach dem Aufräumen befindet, können Kindern als Orientierungshilfe im Alltag dienen. Ist es Zeit zum Aufräumen, werden die Fotos an die Teams verteilt, die so abgleichen können, ob alles wie abgesprochen aussieht. Wenn Kinder diese Fotos selbst anfertigen, nachdem sie zuvor gemeinsam entschieden haben, was in die Kiste gehört bzw. wie die Ecke aussehen soll, sind sie anders involviert und verantwortlich und erleben sich selbstwirksam. Sie wirken aktiv an der Gestaltung ihres Gruppenalltags mit und manifestieren die gemeinsamen Entscheidungen durch die Fotos. Werden neue Kinder in die Gruppe integriert, können die Fotos Gespräche über alltägliche Abläufe und Ordnungen unterstützen und illustrieren.

Auch der Speiseplan, die Tischordnung oder Verhaltensregeln können bildlich dargestellt werden. Die Auseinandersetzung darüber, welche Fotos jeweils benötigt werden, löst eine intensive Beschäftigung mit der jeweiligen Thematik aus.

Ereignisse, Prozesse und Ergebnisse dokumentieren

Das Sommerfest, die Waldwoche, der Gartentag, das Farbenprojekt oder auch Bauwerke, Knetelandschaften oder das Kressewachstum – binden Sie die Kinder in die Dokumentation ein. Ob diese per Foto, Video oder Audio erfolgt, hängt vom Ereignis bzw. Ergebnis ab. Überlegen Sie bei der Dokumentation von Veranstaltungen zuvor gemeinsam, was jeweils passieren wird, damit die Kinder planen können, was sie mit Bild oder Ton festhalten möchten.

Großer Beliebtheit erfreut sich bei Kindern ein „Geburtstagsbuch". Ein digitales können Sie z. B. mit der iOS-App Book Creator erstellen. Dort können Fotos und Videos integriert werden, es kann sowohl als PDF-Dokument als auch als Videodatei abgespeichert werden. So können sich die Kinder gemeinsam mit den Eltern zu Hause die Kita-Geburtstagsfeier ansehen.

Von der Fotoserie zum Trickfilm

Eigentlich ist ein Trickfilm eine Fotoserie aus mindestens 6 bis 8 und bei Profis 24 Fotos pro Sekunde. Dadurch, dass die Fotos so schnell hintereinander ablaufen, haben wir das Gefühl, einen Film zu sehen, vorausgesetzt, die Veränderungen von einem zum nächsten Foto sind nur so groß, dass eine flüssige Bewegungsillusion entsteht. Andernfalls sehen wir ruckartige Sprünge. Um einen Trickfilm selbst zu machen, werden ein Fotoapparat und ein Computer oder ein Tablet benötigt, ein Stativ und das kostenlose Programm Stop Motion Studio, das auf Rechnern ab Win 10 und auf Tablets läuft.

Einfache Trickfilme lassen sich ohne große Vorbereitung in einer einigermaßen gut ausgeleuchteten Ecke realisieren. Wichtig ist, dass die Kamera bzw. das Tablet fest auf dem Stativ montiert und beim Knipsen nicht verschoben wird. Sonst gibt es Sprünge zwischen den einzelnen Aufnahmen, die die Bewegungsillusion stören.

So eindrucksvoll wie einfach sind die „wandernden Hausschuhe“: Ein Paar Hausschuhe „wandert“ im Kreis. Achten Sie bei der Planung darauf, dass die Schuhe beim „Wandern“ im Bildausschnitt bleiben, eventuell markieren Sie die Wanderlinie bzw. den Kreis, den die Schuhe umwandern, dünn mit Kreide. Auf dieser Linie werden die beiden Schuhe immer ein kleines Stück weitergeschoben, fotografiert, weitergeschoben, fotografiert und so fort, bis sie einmal rundherum gewandert sind. Im Programm Stop Motion Studio kann diese Fotoserie dann beliebig oft eingefügt werden, sodass die Schuhe nicht nur einmal, sondern im Film drei, fünf oder auch zehn Mal und öfter im Kreis herumwandern. Die Kinder erleben so nebenbei, dass digital getrickst werden kann.

Gerade für die ersten Trickfilmversuche reichen wenige Figuren oder Gegenstände und einfache Abläufe. Je sicherer die Kinder dann mit der Trickfilmtechnik werden, umso aufwendiger kann die die Idee inszeniert werden.

Als Hintergrund für einen Film eignen sich z. B. Laken, Packpapier, Tonkarton oder ein mit Tusche bemalter A3-Papierbogen. Ein schöner Hintergrund entsteht auch aus Raufasertapete, auf die mit Schwämmen Wasser- oder Acrylfarbe aufgebracht wird oder zur jeweiligen Filmidee passende Fotos von Landschaften, Häuserzeilen o. Ä. Der Untergrund kann z. B. durch kleine Kieselsteine, Moos, Blätter, Zellophanpapier oder Sand dekoriert werden.

Geräuschsuchspiele und -rätsel

Mit einem Mikrofon oder der Aufnahmefunktion des Tablets können Kinder auf akustische Entdeckungstour gehen. Wenn Sie über mindestens zwei Aufnahmegeräte verfügen, können die aufgenommenen Geräusche anschließend der anderen Gruppe vorgestellt und erraten werden. Oder Sie arbeiten mit einer Kleingruppe, während die andere Gruppe in der Zeit eine andere passende Aufgabe bekommt.

Für die Geräuschesuche bekommen die Kinder z. B. Bildkarten und sollen die entsprechenden Geräusche finden bzw. produzieren. Oder Sie geben Themengebiete vor, zu denen die Geräusche passen sollen. Als Auflösung kann jeweils ein Foto von der Geräuschquelle gemacht werden oder die Kinder sprechen mit einer kurzen Pause anschließend ein, worum es sich bei dem Geräusch handelt: „Das war die Klospülung!“ Beim Vorstellen der Rätsel wird dann nach dem Geräusch gestoppt, damit nicht versehentlich die Lösung gleich mitpräsentiert wird. Auf der Webseite von „Schule des Hörens“ finden Sie interessante Materialien rund um das Hören.

Bücher und Gegenstände vertonen

Digitale Audiostifte erweitern die Möglichkeiten des herkömmlichen Bilderbuchs und sind besonders für Kinder, die noch nicht lesen können, interessant. Aber diese Stifte können nicht nur die Textpassagen vorlesen, sondern liefern je nach Buch auch die passenden Geräusche, z. B. von Musikinstrumenten aus aller Welt oder Tieren aus dem Dschungel, und können Rätselaufgaben stellen. Für die kreative Arbeit interessant sind sie, seit sie auch eine Aufnahmefunktion haben. So können Sticker, die im Buch oder auf anderen Gegenständen angebracht werden, von den Kindern vertont und mithilfe des Audiostifts auch wieder abgehört werden. So lassen sich Passagen aus Büchern z. B. in andere Sprachen übersetzen oder mit passenden Geräuschen, Liedern und Musik ergänzen. Für viel Spaß sorgt die Möglichkeit, die eigene Stimme verzerrt aufzunehmen.

Eine einfache Aufnahmefunktion liefern auch Sprach-Klammern oder die Big Points genannten Sprechboxen, die ohne zusätzliches Abspielgerät auf Antippen die aufgenommene Nachricht abspielen. So können Aushänge, Bilder, Infotafeln und Gegenstände mit einem Audiokommentar versehen werden, z. B. der Kita-Speiseplan, die Einladung zum Sommerfest, die Ausstellung der Fototricks u. v. m.

Hörbeiträge erstellen

Gestalten Sie den Morgenkreis mal als Interviewsituation. Stellen Sie den Kindern jeweils eine kurze Frage, z. B. „Was hast du gestern Nachmittag gemacht?" oder „Was ist dein Lieblingshörspiel?" Dann reichen Sie dem Kind das Mikrofon und nehmen die Antwort auf. Beim anschließenden Anhören merken alle schnell, dass wenig zu hören ist, wenn sehr leise gesprochen wird oder wenn im Hintergrund die anderen auch reden oder es drumherum sehr laut ist.

Audioarbeit braucht Ruhe, schließlich soll ein selbst produziertes Hörspiel nicht durch einen Geräuschsalat aus Stimmengewirr, Schritten, Türen knallen u. Ä. gestört werden. Lenken Sie die Aufmerksamkeit der Kinder also auf die Umgebungsgeräusche. Alle schließen die Augen und „öffnen" die Ohren: Was hören wir, wenn niemand mehr einen Mucks macht? Ist es hier ruhig genug, um ein eigenes Hörspiel aufzunehmen?

Weil bei der Audioarbeit alle mucksmäuschenstill sein müssen, sollten die Konzentrationsphasen nicht zu lang angesetzt sein. Ein Hinweisschild an der Gruppentür sorgt dafür, dass niemand einfach so in die Aufnahme hineinplatzt.

Die Grundlage für einen eigenen Hörbeitrag kann eine bekannte Geschichte sein, die neu inszeniert wird, oder auch eine neu erdachte. Wenn Sie ein Audioschnittprogramm verwenden (z. B. Audacity für den Rechner oder die iOS-App GarageBand) können die aufgenommenen Stimmen anschließend noch mit selbst erzeugten Geräuschen zu einem Hörspiel kombiniert werden. Soll das Hörspiel ohne Nachbearbeitung auskommen, ist etwas mehr Planung notwendig. Sprechen Sie ab, wer wann was sagt und wer welche Geräusche erzeugt. Ein Storyboard, in dem die Szenen skizziert werden, hilft dabei, den roten Faden nicht zu verlieren.

Videotricks

Mit der Videokamera lässt sich zaubern! Das können Kinder ganz leicht mit dem Stopp-Trick ausprobieren. Die Kamera steht auf einem Stativ, denn auch hier gilt wie beim Trickfilm: Wenn die Kamera zwischen den Aufnahmen ihre Position verändert, macht das den Trickeffekt zunichte. Eine einfache Szene für einen Stop-

Trick ist z. B. „Mein rechter, rechter Platz ist frei …" Die Kamera ist aufgebaut und filmt die Szene, in der ein Kind allein auf einer Bank oder in der Stuhlreihe sitzt. Es sagt den Spruch auf: „Mein rechter, rechter Platz ist frei, ich wünsche mir drei Kinder herbei!" – Kamera aus. Nun bewegt sich das allein sitzende Kind gar nicht mehr und drei Kinder setzen sich daneben. Die Kamera wird wieder eingeschaltet und das Kind reagiert freudig überrascht und kommentiert das Erscheinen der Kinder. Mithilfe des Stopp-Tricks können Gegenstände, Kleidungsstücke und Personen her- oder weggezaubert werden. Er eignet sich gut, um Kindern spielerisch zu vermitteln, dass sich im Film ganz leicht tricksen lässt und dass nicht alles stimmt, was sie im Fernsehen sehen.

Eine Magazinsendung selber machen

Das Format der Magazinsendung ist Kindern aus dem Kinderprogramm bekannt, z. B. durch die Sendung mit der Maus. Verschiedene Beiträge werden zu einer Sendung zusammengestellt. Das lässt sich auch in der Kita ohne allzu großen Aufwand realisieren, denn die Beiträge – z. B. Trickfilme und Stopp-Tricks – können über einen längeren Zeitraum gesammelt werden. Wenn ein paar Filmchen fertig sind, werden diese in ein Videoschnittprogramm geladen. Dort kann ein Vorspann mit Titel und ein Abspann mit den Namen der beteiligten Kinder ergänzt werden. Wenn Sie mit dem Tablet gearbeitet haben, eignet sich z. B. iMovie (für das iPad) oder PowerDirector (für Android-Tablets). Auf dem Computer kann z. B. die Freeware VideoPad verwendet werden.

Fragen Sie die Kinder auch, was vielleicht noch in die Magazinsendung integriert werden soll, vielleicht ein eigener Werbespot,

Nachrichten oder ein Wetterbericht? Regen Sie die Kinder an, sich zu ihren Medienvorlieben und -erfahrungen zu äußern. Fragen Sie nach, warum es Werbung gibt und ob das alles stimmt, was dort erzählt wird. Und woher weiß man, wie das Wetter wird? Aus den Gesprächen ergeben sich vielfältige Fragen und Forschungsanlässe …

TIPP Das kostenlose Materialpaket der Filmothek der Jugend NRW „klicken! gestalten! entdecken!" enthält in 4 Heften praxisnahe Methoden und Tipps zur Medienarbeit in der Kita. Es kann gegen Versandkosten bestellt werden. Online steht auch weiterführendes Material, z. B. zum Thema Video, bereit.

Material bestellt

Mit Kreativ-Apps gestalten und tricksen

Es gibt eine Reihe von Kreativ-Apps, die sehr einfach zu bedienen sind und eine sinnvolle Ergänzung des kreativen Angebots darstellen.

Mit der iOS-App Puppet Pals Directors Pass können z. B. Figuren wie auf einer digitalen Puppenspielbühne vor verschiedenen Hintergründen bewegt werden. Dazu können die Kinder Texte einsprechen sowie Geräusche und Musik aufnehmen. Die App eignet sich z. B. sehr gut, um eigene Geschichten mit dem Medienliebling zu inszenieren oder einfache Erklärvideos zu erstellen.

Reisen in andere Galaxien und ferne Welten ermöglicht die Green Screen-App. Dazu werden Aufnahmen, die die Kinder gegenseitig von sich vor grünen oder blauen Hintergründen gemacht haben, z. B. mit Weltraumbildern kombiniert. Das Programm blendet alles aus, was grün bzw. blau ist, sodass das Weltraumfoto zum Hintergrund der Aufnahme vom Kind wird.

Roboter verstehen

Coding – übersetzt: Programmieren – ist zurzeit ein sehr präsentes Thema. Das bedeutet aber nicht, dass bereits im Kindergarten mit Programmiersprachen gearbeitet werden muss. Vielmehr geht es darum, Kindern ein Grundverständnis davon zu vermitteln, dass Computerprogramme und Roboter auf Befehle reagieren, die Menschen ihnen geben, und dass diese Befehle eine bestimmte Reihenfolge haben müssen, damit alles funktioniert. Diese Abfolge von Befehlen nennt man Algorithmus. Im Prinzip funktioniert auch vieles in unserem Alltag nach bestimmten Algorithmen. Das lässt sich mit den Kindern z. B. gut mit Fotoreihen zu alltäglichen Ritualen besprechen, wie Zähneputzen oder ein Glas Milch einschenken. Was passiert, wenn die Milch schon eingeschenkt wird, bevor der Becher auf dem Tisch steht? Oder wenn die mit Zahnpasta bestückte Zahnbürste zum Mund geführt wird, bevor dieser offen ist? Genauso kommt ein Computerprogramm oder Roboter durcheinander, wenn die Befehle nicht in der richtigen Reihenfolge kommen.

Es gibt inzwischen zahlreiche Methoden und Gadgets, um Kindern die Grundbausteine des Programmierens zu vermitteln. Mehr dazu auf der Webseite des Blickwechsel e. V. in der Rubrik Medienpädagogik/Praxis und Methoden.

Ein paar Worte zum Schluss

Medienbildung von Anfang an!

Die wachsende Verbreitung und Bedeutung von Medien in unserer Lebenswelt macht Medienkompetenz – den kompetenten, kritischen und aktiven Umgang mit Medien – zu einer Schlüsselqualifikation in unserer Gesellschaft. Die Art, wie wir zukünftig arbeiten, leben, kommunizieren, wird durch die Digitalisierung ganz entscheidend mit beeinflusst. Medienbildung – die Bildung mit und über Medien – gehört deshalb zur Allgemeinbildung.

Geben Sie Kindern die Möglichkeit, digitale Medien als etwas Gestaltbares kennenzulernen. Digitale Medien sind mehr als Abspielgeräte, sie sind kreative Gestaltungswerkzeuge und Ausdrucksmittel!

Stärken Sie Kinder aber auch darin, analoges und digitales Erleben in ein ausgewogenes Verhältnis zu setzen, das Gefühl für das richtige Maß zu finden. Dabei spielen wir Erwachsenen eine ganz zentrale Rolle!

Hinterfragen Sie also zunächst ihr eigenes Mediennutzungsverhalten und gleichen Sie es mit Ihrer Haltung zum Thema „Kinder und Medien" ab. Nicht nur Eltern, auch pädagogische Fachkräfte werden von Kindern beobachtet und sind Vorbilder.

Wir müssen unsere Vorbildfunktion ernst nehmen und dürfen den digitalen Medien – insbesondere dem Smartphone – nicht gestatten, immer und überall die Regie zu übernehmen.

AUF DEN PUNKT

- Medien sind kein Babysitter
- Medien sollten nicht zur Belohnung oder Bestrafung eingesetzt werden
- Medien sollen nicht den Tag strukturieren
- Medien(-inhalte) bewusst auswählen
- Medien gemeinsam nutzen
- über Inhalte sprechen
- Absprachen treffen & Grenzen setzen, auf Ausgewogenheit und analoge Alternativen achten!

Pädagogisch durchdacht und mit Konzept können Medien als Thema und als Werkzeug in der Kita eine Bereicherung sein und Kindern chancengleich einen vielseitigen, kreativen und kritischen Umgang mit Medien eröffnen – immer vorausgesetzt, dass im Fokus der Aufmerksamkeit nicht die Technik, sondern das Kind mit seinen Themen und Interessen steht!

Literatur und Leseempfehlungen

Baacke, Dieter (1999): Was ist Medienkompetenz? In: Lauffer, Jürgen / Röllecke, Renate (Hrsg.) (2006): Dieter Baacke Preis – Handbuch 1. Methoden und Konzepte medienpädagogischer Projekte. Gesellschaft für Medienpädagogik und Kommunikationskultur (GMK), Bielefeld

Biermann, Tanja / Daveri, Livia / Eder, Sabine (2015): Medien- und Sprachbildung. Alltagsintegrierte Medien- und Sprachbildung in Kindertageseinrichtungen. Handreichung mit Aktivitäten für die Praxis. Landesanstalt für Medien Nordrhein-Westfalen, Düsseldorf

Bostelmann, Antje (2019): Medienpädagogik in Kindergarten und Grundschule. 23 Ideen für die Bildungsarbeit mit 4- bis 8-jährigen Kindern. Bananenblau Verlag: Berlin.

Bostelmann, Antje / Fink, Michael (2014): Digital genial. Erste Schritte mit neuen Medien im Kindergarten (mit englischer Übersetzung). Bananenblau Verlag: Berlin.

Bundeszentrale für gesundheitliche Aufklärung (Hrsg.) (2016): Werkstattbuch Medienerziehung. Zusammenarbeit mit Eltern in Theorie und Praxis. Köln. Kostenlose Bestellung/Download auf der Webseite der BZGA unter den Stichworten Infomaterialien/Unterrichtsmaterialien

Feil, Christine (2016): Kinder am Tablet. Beobachtungen zur Medienaneignung zwei- bis sechsjähriger Kinder. Präsentation im Rahmen der Fachtagung „Tablets in Kinderhand", DJI München 28.01.2016. Abrufbar über die Webseite des DJI, Stichwort Über uns/Fachtagung

Filmothek NRW (Hrsg.) (2017): „klicken! gestalten! entdecken!" Frühkindliche kulturelle Medienbildung. Düsseldorf

Fink, Michael (2018): So geht digital. Websites, Tools und Apps, die den Kita-Alltag leichter machen. Verlag Herder: Freiburg

Lauffer, Jürgen / Röllecke, Renate (Hrsg.) (2016): Krippe, Kita, Kinderzimmer. Medienpädagogik von Anfang an. Dieter Baacke Preis Handbuch 11. Kopaed-Verlag: München

Medienpädagogischer Forschungsverbund Südwest (MPFS) (2018): FIM-Studie 2016: Familie, Interaktion, Medien. Untersuchung zur Kommunikation und Mediennutzung in Familien. Stuttgart. Abrufbar auf der Webseite des MPFS.

Neuß, Norbert (2012): Kinder und Medien. Was Erwachsene wissen sollten. Friedrich-Verlag: Seelze

Roboom, Susanne (2019): Medien zum Mitmachen. Impulse für die Medienbildung in der Kita. Herder: Freiburg

Roboom, Susanne (2017): Mit Medien kompetent und kreativ umgehen. Basiswissen & Praxisideen. Beltz: Freiburg

Stiftung Lesen: Vorlesestudie 2012: Digitale Angebote – neue Anreize für das Vorlesen? Mainz. Diese und alle anderen Studien seit 2010 abrufbar auf der Webseite der Stiftung Lesen.

Onlinetipps

Blickwechsel e. V.: Der medien- und kulturpädagogische Verein Blickwechsel stellt auf seiner Webseite in der Rubrik Medienpädagogik methodische Anregungen, hilfreiche Materialien, Literaturempfehlungen und thematisch sortierte Surftipps rund um den kreativen, bildungsförderlichen Einsatz von Medien bereit.

Die Datenbank „Apps für Kinder" des Deutschen Jugendinstituts (DJI) hat in Kooperation mit Blickwechsel e. V. Klick-tipps und der Stiftung Lesen eine App-Datenbank erstellt, in der auch Hinweise zu Qualitätskriterien zu finden sind. Die Suchmaske ermöglicht das gezielte Recherchieren nach Zielgruppe, Schlag- und Suchwörtern sowie nach Gerätesystemen.

Das Onlinematerialpaket Ran an Maus und Tablet, das von der Hessischen Landesanstalt für privaten Rundfunk und neue Medien (LPR Hessen) kostenlos für Kitas und Grundschulen zur Verfügung gestellt wird, enthält praxiserprobte Methodenbausteine, leicht verständliche Schritt-für-Schritt-Anleitungen, Orientierungshilfen rund um Hardware, Software und Apps, die wesentlichen rechtlichen Grundlagen, Informationen zu Beratungsangeboten für Eltern und viele weiterführende Tipps und Links.

Medienkindergarten Wien: Die Initiative des Wiener Bildungsservers hat zahlreiche Praxisideen zur Förderung medienpädagogischer Aktivitäten im Elementarbereich zusammengestellt.

Info zur Autorin

Susanne Roboom, Medienpädagogin, seit 1997 Bildungsreferentin und seit 1998 Vorstand des Blickwechsel e. V. – Verein für Medien- und Kulturpädagogik. Ihre Arbeitsschwerpunkte sind die medienpädagogische Qualifizierung von pädagogischen Fachkräften, der Medieneinsatz in Kita und Grundschule und die medienpädagogische Elternarbeit. Sie ist Autorin von Fachartikeln sowie Fachbüchern und Arbeitsmaterialien für Kindergärten und Grundschulen.

Dieses kleine Heft ist entstanden in Kooperation mit

Blickwechsel

Verein für Medien- und Kulturpädagogik

Blickwechsel e. V. ist ein gemeinnütziger Verein mit Sitz in Göttingen und Regionalbüros in Bremen, Hamburg, Gießen und Nordrhein-Westfalen. Seit mehr als 25 Jahren führt der Blickwechsel Fortbildungen für pädagogische Fachkräfte durch, realisiert Medienprojekte mit Kindern und Jugendlichen, verwirklicht die medienpädagogische Zusammenarbeit mit Eltern und erstellt didaktische Materialien und Publikationen.
Viele Angebote des Vereins sind nahezu oder sogar völlig kostenfrei, da sie von Landesmedienanstalten und Ministerien gefördert werden.
Für seine Arbeit erhielt der Verein in den Jahren 2000, 2012 und 2016 den Dieter-Baacke-Preis der Gesellschaft für Medienpädagogik und Kommunikationskultur (GMK) für herausragende medienpädagogische Projekte.